DISCURSO DA SERVIDÃO VOLUNTÁRIA

Étienne de La Boétie

Seguido do texto

Da Amizade

de

Michel de Montaigne

Tradutor:

Cacildo Marques

ISBN: **979-8626451634**

Capa: Retrato de Étienne de La Boétie

Episteme Ed

Marques, Cacildo
Discurso da Servidão Voluntária./ Étienne de La Boétie, tradução de Cacildo Marques. Maryland, 2020.

76p.
ISBN: **979-8626451634**

1. Direitos Políticos e Civis. I. Título

DDC 323

Discurso da Servidão Voluntária

Cacildo Marques

ÍNDICE

A importância da obra de La Boétie

O texto de Étienne de La Boétie, Discurso da Servidão Voluntária, é excessivamente revolucionário para sua época. Se não fosse Montaigne, seu dileto amigo, divulgar e defender sua obra, talvez seus versos pudessem atravessar os séculos, mas seus escritos político-filosóficos dificilmente teriam chegado até nós, por falta de indivíduos suficientemente perspicazes em seu tempo para compreender o imenso valor de tal produção.

Montaigne diz, como o leitor constatará, que seu amigo La Boétie rejeitava qualquer tipo de movimento político, incluindo certamente as revoluções violentas, pois ele era cidadão cumpridor das leis de seu país. Sua alma estava no passado, com os grandes filósofos clássicos, Montaigne diz, mas sua perspectiva política, dizemos nós, está no terceiro milênio. E quando dizemos que suas ideias são revolucionárias, tal adjetivo vem na acepção de coisa altamente transformadora, não no significado vulgar de tumulto.

De fato, se a juventude nos paises importantes tivesse conhecido bem as ideias de La Boétie, a subversão ditatorial de Mussolini, Stálin, Hitler e Franco, no século XX, não teria ocorrido.

Sua pregação básica é de que não devemos aceitar a tirania, tendo como programa rejeitar a figura do senhor. Atualmente ele escreveria, quase certamente, que o que nós devemos rebater é o comandante perpétuo, tendo ciência de que, em regimes democráticos, livres de demagogias - e nós não devemos nem sonhar com outros -, quanto menor é o período do mandato do governante, mais salubre é a liberdade civil no seio da sociedade. Obviamente, deve haver um tempo mínimo de garantia para que o chefe supremo execute seu trabalho, fato ante o qual alguns países estipulam mandato de um ano, outros de dois anos, outros de quatro, outros de cinco. Uma população cujo comandante maior tem período maior que este é gente infeliz, mesmo que imagine o contrario. Vamos entender que dois anos, talvez um ano, é o tempo ideal, e sem reeleição.

Sim, La Boétie nada diz sobre esses períodos, mas ele estava no século XVI, e a República parlamentar, por exemplo, viria a ser inventada somente em 1870.

La Boétie nasceu em 1530 e escreveu o Discurso da Servidão Voluntária em 1548, quando contava 18 anos. Ele morreu em 1563, pouco antes de completar 33 anos de idade. Por profissão ele era magistrado, tendo exercido seu posto em Bordéus.

Este livro traz o Discurso, de La Boétie, e também o texto "Da amizade", escrito por Montaigne depois da morte do amigo e incluído no volume Ensaios, como capitulo 28.

Cacildo Marques, março, 2020.

Discurso da Servidão Voluntária

Discurso da Servidão Voluntária

Étienne de La Boétie

Seguido de

Da Amizade

Michel de Montaigne

"Não é bom ter muitos senhores; tenhamos apenas um. Que apenas um seja o mestre, que apenas um seja o rei". Eis o que Ulisses declarou publicamente, segundo Homero.

Se ele tivesse dito simplesmente que "não é bom ter muitos senhores", isto teria sido suficiente. Mas, em vez de deduzir que o domínio de muitos não pode ser bom, já que o poder de um só, uma vez que ele adote o título de senhor, é duro e irracional, ele acrescenta, ao contrário: "Não tenhamos mais que um senhor."

Talvez seja necessário desculpar Ulisses por ter proferido essa sentença, que serviu para acalmar a agitação do exército. Acredito que ele tenha adaptado seu discurso às circunstâncias, não à verdade.

Mas, refletindo bem, é um infortúnio extremo estar sujeito a um senhor de cuja bondade nunca se pode ter certeza, e que sempre tem o poder de ser cruel quando quiser. Quanto à obediência a muitos senhores, isto é ser extremamente infeliz por muitas vezes.

Não quero discutir aqui a questão tantas vezes lembrada de "se outros tipos de república são melhores que a monarquia". Se eu tivesse de fazer isso, antes de começar a procurar o lugar que a monarquia deveria ocupar entre as diferentes maneiras de governar a coisa pública, perguntaria primeiro se deveríamos conceder algum lugar a ela, porque é difícil acreditar que haja algo de público nesse tipo de governo, em que tudo pertence a um só. Mas vamos deixar para outro momento essa questão, que mereceria um tratado à parte, e que provocaria todo tipo de disputa política.

No momento, eu gostaria de entender como é que tantos homens, vilas, cidades e nações às vezes apoiam um único tirano que não tem poder nenhum a não ser o que as pessoas lhe dão, que só pode prejudicá-las porque elas aceitam, e que não poderiam fazer-lhes nenhum mal se elas não preferissem sofrer a contradizê-lo.

É uma coisa verdadeiramente surpreendente - embora seja tão comum que deveríamos mais deplorar que nos surpreendermos com ela - ver um milhão de homens escravizados miseravelmente, com a cabeça sob o jugo, não porque estejam obrigados por uma força maior, mas porque estejam fascinados e, por assim dizer, enfeitiçados, pelo nome de uma pessoa, que eles não deveriam temer - uma vez que é apenas um -, nem amar, pois é desumano e cruel para com eles. No entanto, esta é a fraqueza dos homens: forçados à obediência, obrigados a contemporizar, nem sempre podem ser os mais fortes. Portanto, se uma nação, coagida pela força das armas, é submetida ao poder de um só - como a cidade de Atenas esteve sob o domínio dos trinta tiranos -, não é de surpreender que se atue como servo, mas, ao contrário, que deplore. Ou melhor, que não se surpreenda nem se compadeça, mas que enfrente a desgraça com paciência, e reserve-se para um futuro melhor.

Somos feitos de tal maneira que os deveres comuns da amizade absorvem grande parte de nossa vida. É razoável amar a virtude, estimar boas ações, agradecer os favores recebidos e, muitas vezes, reduzir nosso próprio bem-estar, a fim de aumentar a honra e o benefício daqueles a quem amamos e pelos quais merecemos ser amados. Se, portanto, os habitantes de um país encontram entre eles um daqueles raros homens que lhes deram provas de grande perspicácia para salvaguardá-los, com grande coragem para defendê-los, com grande prudência para governá-los, e se, no longo prazo, eles se acostumam a obedecê-lo e a confiar nele a ponto de conceder-lhe alguma supremacia, não sei se seria sensato removê-lo de onde ele estava bem para colocá-lo onde ele poderia fazer mal; parece, de fato, natural mostrar bondade àqueles que nos fizeram o bem, e deles não temer que venha o mal para nós.

Mas, ó grande Deus, o que é isso? Como nomear esse infortúnio? O que é esse vício, esse vício horrível, em que vemos um número infindo de homens destinados não só a obedecer, mas a servir, não a apenas ser governados, mas tiranizados, de modo que eles não pertencem a eles próprios nem têm suas propriedades, seus parentes ou suas crianças? Eles são vistos sofrendo as rapinas, a arbitrariedade e as crueldades, não por um exército ou por um campo bárbaro contra o qual cada um deve defender seu sangue e sua vida, mas por apenas um homem! Não é por um Hércules ou um Sansão, mas por um homúnculo, frequentemente o mais covarde e o mais pusilânime do país, que nunca sentiu o cheiro de poeira das batalhas ou sequer pisou na areia dos torneios, alguém não apenas inapto para liderar homens, mas também para satisfazer a menor das mulheres.

Vamos dar nome a essa vilania? Vamos chamar esses homens subjugados de vis e covardes? Se há dois, três ou quatro que cedem a um único homem, isso é estranho, mas mesmo assim é possível; talvez se pudesse dizer com razão: eles não têm coração. Mas se são cem ou mil os que sofrem a opressão de um, será dito que eles não ousam atacá-lo ou que não querem? Será covardia? Ou isso será por desprezo e desdém?

Enfim, se não vemos cem ou mil homens, mas cem países, mil cidades ou um milhão de homens a desistir de agredir quem os trata como servos e escravos, como qualificaremos isso? É covardia? Mas todos os vícios têm limites que não podem ser ultrapassados. Dois homens, mesmo dez, podem muito bem temer um; mas que mil ou um milhão de homens, ou mil cidades, não se defendam contra um único homem, isso não é covardia, porque não chega a ir tão longe, da mesma forma que a coragem não exige que um único homem escale uma fortaleza, ataque um exército ou conquiste um reino. Que vício monstruoso é, então, este, que nem merece o título de covardia, que não encontra um nome suficientemente feio e que a natureza condena e a língua se recusa a denominar?

Que eles se confrontem face a face com cinquenta mil homens armados; que se lancem na batalha e que sejam combatidos. Alguns, livres, lutam pela liberdade, outros lutam para violá-la. A quem prometes a vitória? Quem irá lutar com mais coragem, o que espera ter como recompensa a manutenção da própria liberdade, ou aquele que, como salário pelos golpes que dá e recebe, não espera receber maior recompensa que a servidão de outrem? Uns sempre têm diante de seus olhos a felicidade de suas vidas passadas e a expectativa de um bem-estar semelhante no futuro. Eles pensam menos no que devem suportar durante a batalha do que naquilo que eles, derrotados, teriam de suportar, assim como seus filhos e todos os seus descendentes. Outros, por outro lado, têm apenas um pouco de ganância, que se esfarela de repente quando se depara com o perigo, e cujo ardor se extingue no sangue de seu primeiro ferimento.

Nas tão conhecidas batalhas de Milcíades, Leônidas ou Temístocles, que datam de dois mil anos e entretanto vivem frescas na memória de livros e homens, como se tivessem sido travadas ontem, na Grécia, pelo bem dos gregos e para exemplo ao mundo inteiro, o que deu a um número tão pequeno de gregos, não o poder, mas a coragem de suportar a força dos navios em um número tão grande que o próprio mar transbordou, de derrotar tantas nações cujos exércitos inimigos nem todos os soldados gregos teriam sido suficientes para abastecer com capitães? Nesses dias gloriosos o que estava em jogo não era tanto a batalha entre gregos e persas, mas a vitória da liberdade sobre a dominação, da libertação sobre a avidez.

Verdadeiramente extraordinárias são as histórias que se referem à coragem que a liberdade coloca no coração daqueles que a defendem. No entanto, em todo lugar e em todos os dias acontece que um único homem oprime cem mil e os priva de sua liberdade. Que pessoa poderia acreditar nisso se apenas lhe contassem, sem que ela visse com seus próprios olhos? E se isso acontecesse apenas em países estrangeiros e terras distantes, quem acreditaria que essa história não seria pura invenção?

No entanto, a esse tirano não é necessário combater ou derrotar. Ele se abateria por si mesmo, desde que o país não consentisse em submeter-se a ele. Não se trata de tirar-lhe alguma coisa, mas de não lhe dar nada. Não seria necessário que o país fizesse alguma coisa por si mesmo, com a condição de que nada fizesse contra si. São então as pessoas que se abandonam, ou melhor, que se deixam maltratar, pois para se livrar dele seria suficiente parar de servi-lo. São as pessoas que se escravizam e cortam a própria garganta; que, podendo escolher entre ser submetidas ou ser livres, rejeitam a liberdade e aceitam o jugo; que consentem com seu próprio mal, ou melhor, que o procuram... Se recuperar a liberdade custasse-lhes alguma coisa, eu não insistiria para que fizessem isso, embora a primeira coisa que deveriam ter no coração devesse ser o desejo de recuperar seus direitos naturais e, por assim dizer, fazer a besta tornar-se homem, mas não espero tanta audácia delas. Admito que elas preferem a segurança de viver miseravelmente a uma esperança duvidosa de seguir seu próprio caminho.

Mas qual! Se, para ter liberdade, é suficiente desejar, se não é necessário simplesmente ter vontade, haverá uma nação no mundo que acredite que pagará muito caro para satisfazer um simples desejo? Quem se arrependeria por ter a vontade de recuperar um bem que deveria ser resgatado, mesmo pagando-o ao custo de sangue, um bem cuja perda tornasse a vida amarga para todo homem de honra, e morte como um benefício?

Certamente, como o fogo de uma pequena fagulha cresce e se reforça muito, tornando-se mais devoradora quanto mais madeira encontrar para queimar, e no final é consumida e acaba-se extinguindo quando deixa de ser alimentada, também os tiranos, quanto mais pilham, mais exigem, e quanto mais arruínam e destroem, mais eles têm e mais eles são servidos. Eles se tornam muito mais fortes, sempre com mais vitalidade para a tudo aniquilar e a tudo destruir. Mas se não se lhes fornece nada, se não se lhes obedece, mesmo sem lhes combater ou golpear, eles terminam nus e derrotados, e não são mais nada, assim como o galho, que não tendo mais seiva nem alimento em sua raiz, torna-se seca e morre.

Para adquirir o bem que deseja, o homem audacioso não teme nenhum perigo, e o homem prudente não desanima diante de nenhuma fadiga. Os covardes e os torpes são os únicos que não sabem suportar o mal, ou recuperar o bem que eles se limitam a cobiçar. Sua energia para pretender alguma coisa encanta-se com sua própria covardia e a eles só resta o desejo natural de possuí-la. Esse desejo, essa vontade comum dos sábios e dos imprudentes, dos corajosos e dos covardes, faz com que desejem todas as coisas cuja posse os tornaria cada vez mais felizes. Só há um único bem pelo qual os homens, eu ignoro o motivo, não têm a força necessária para desejá-lo: este é a liberdade, tão grande e tão doce! Uma vez perdida, todos os males sobrevêm, e sem ela todos os outros bens, corrompidos pela servidão, perdem integralmente o gosto e o sabor.

Parece que os homens só desdenham a liberdade porque, se a quisessem, eles a teriam; é como se eles se recusassem a fazer essa aquisição tão preciosa porque ela é fácil demais.

Pobres gentes miseráveis, povos tolos, nações obstinadas por seu mal e cegas a seu próprio bem! Vós deixais que removam de sob vossos olhos o mais belo e o mais claro de vossa renda, deixais que pilhem vossos campos e roubem e expropriem de vossos lares os móveis antigos deixados por vossos ancestrais. Enquanto viveis, não tendes nada de vosso. Parece que vós vos sentis felizes se apenas metade de vossos bens, de vossas famílias e de vossas vidas estiverem à vossa disposição. E todo esse dano, esse infortúnio e essa ruína não chegam a vós desde os inimigos, mas certamente desde aquele inimigo, esse mesmo a quem vós tornastes o que é, esse por quem vós corajosamente marchais em direção à guerra e por cuja grandeza vós não vos recusais a oferecer-vos para a morte. E, no entanto, esse senhor tem apenas dois olhos, duas mãos, um corpo, nada que não tenha o último dos habitantes do imenso número de nossas cidades. O que ele tem mais do que vós é o que vós lhe dais para destruir-vos. De onde ele consegue todos aqueles olhos que vos espionam se não de vós mesmos? Como ele tem todas aquelas mãos que vos golpeiam se vós não lhe emprestais as vossas? Os pés com que ele pisoteia vossas cidades não são vossos pés? Ele tem algum poder sobre vós que não seja de vós mesmos? Como ele ousa atacar-vos se isso não foi por vosso consentimento? Que mal ele poderia causar-vos se não fôsseis o acolhedor do ladrão que vos pilha, os cúmplices do assassino que vos mata, os traidores de vós mesmos?

Semeais vossos campos para que ele os destrua, mobiliais e supris vossas casas para garantir a pilhagem por parte dele, educais vossas filhas para entregá-las a sua luxúria, alimentais vossos filhos para que, na melhor das hipóteses, ele faça deles soldados, para levá-los à guerra e ao massacre, tornando-os ministros de sua concupiscência e executores de sua vingança.

Vós vos acostumastes com a dor, para que ele possa se deleitar com todos os seus prazeres e se alegrar com seus prazeres imundos. Vós vos tornais fracos para que ele seja mais forte e possa manter-vos nas rédeas com maior grosseria. De tantas e tantas indignidades que as próprias bestas se recusariam a suportar, se elas as sentissem, vós poderíeis escapar se tentásseis, não já alcançar a libertação, mas pelo menos desejá-la.

Que vós tomeis a resolução de não mais servi-lo, e estareis livres. Eu não vos peço que o empurreis e os façais cambalear, mas apenas que não o sustenteis. Então vós o vereis como um grande colosso cuja base foi rompida, caindo por seu próprio peso e destruindo-se.

Os médicos aconselham, justamente, a não tentar curar males incuráveis, e talvez eu tenha cometido um erro ao querer exortar dessa maneira um povo que parece ter perdido depois de um longo tempo todo o conhecimento sobre seu infortúnio, o que mostra que sua doença é mortal. Vamos então procurar entender, se possível, como essa vontade obstinada de servir enraizou-se tão profundamente que se acreditaria que o amor à liberdade em si não é algo natural.

É fora de dúvida, eu creio, que, se vivêssemos com os direitos que possuímos de acordo com a natureza e de acordo com os preceitos que ela nos ensina, nós nos submeteríamos de bom grado a nosso pais, sujeitos da razão, sem ser escravos de ninguém. Cada um de nós reconhece em si, naturalmente, o impulso da obediência ao pai e à mãe.

Quanto a saber se a razão em nós é inata ou não - um tópico muito debatido pelas academias e discutido por todas as escolas filosóficas -, não acho que esteja errado ao dizer que há em nossa alma um germe natural da razão, um germe que, desenvolvido por bons conselhos e bons exemplos, pode desenvolver-se de maneira virtuosa, mas que frequentemente pode ser abortado, sufocado pelos vícios que lhe advêm. O que é claro e evidente, para que ninguém possa ignorá-lo, é que a natureza, ministra de Deus, governante dos homens, de alguma forma criou-nos e fundiu-nos no mesmo molde, para mostrar-nos que somos todos iguais, ou, melhor dizendo, irmãos. E se, na distribuição que ela fez de seus dons, concedeu certas vantagens corporais ou espirituais a alguns, ela não quis nos colocar neste mundo como se estivéssemos em um campo de batalha, nem enviou aqui os mais fortes ou mais habilidosos para agir como brigadas armadas numa floresta para maltratar os mais fracos.

Em vez disso, vamos crer que, ao distribuir lotes maiores para alguns, pequenos para outros, ela tenha querido fazer nascer um afeto fraterno e encorajar-nos a praticá-lo, pois alguns têm o poder de ajudar, enquanto outros precisam ser ajudados. Portanto, uma vez que essa boa mãe nos deu toda a terra para residir; uma vez que todos nós ficamos na mesma casa; uma vez que ela nos formou seguindo o mesmo modelo, para que cada um possa olhar e reconhecer-se no outro como num espelho; uma vez que ela nos deu todo o belo dom da voz e da palavra para que possamos nos reconhecer e confraternizar, e para que se produza, pela comunicação e pela troca de nossos pensamentos, a comunhão de nossas vontades; uma vez que ela procurou por todos os meios criar e fortalecer o nó de nossa aliança, de nossa sociedade; uma vez que ela mostrou, através de todas as coisas, que ela não apenas nos quer unidos, mas que deveríamos ser como um só... como podemos duvidar então que somos livres por natureza, sendo todos iguais? Não pode entrar no espírito de ninguém que a natureza tenha colocado alguém em situação de servidão, pois ela nos colocou todos em companhia.

Para dizer a verdade, é inútil querer saber se a liberdade é natural, já que não se pode manter um ser em servidão sem prejudicá-lo: não há nada no mundo mais contrário à natureza, completamente razoável, do que a injustiça. A liberdade é, portanto, natural. Por isso é que, em minha opinião, nós não apenas nascemos com ela, mas também com a paixão de defendê-la.

E se por ventura ainda há pessoas que duvidem disso - bastardas a ponto de não reconhecerem seus dons ou suas paixões originais -, é necessário que eu lhes dê as honras que merecem e eleve, por assim dizer, as bestas brutas ao púlpito, para ensinar-lhes sobre sua natureza e sua condição. Os animais, que Deus me ajude, se os homens os querem ouvir, gritam: "Viva a liberdade". Muitos entre eles morrem rapidamente quando são capturados. Tal como o peixe que perde a vida quando é retirado da água, eles se deixam morrer para não sobreviver à perda de sua liberdade natural.

Se os animais tivessem preeminências entre eles, eles fariam dessa liberdade sua nobreza. Outros animais, grandes ou pequenos, quando capturados, resistem tão bravamente, com garras, chifres, bicos e pernas, que suficientemente demonstram o preço que atribuem ao que estão perdendo.

Uma vez capturados, eles dão tantos sinais flagrantes de que conhecem seu infortúnio que é belo vê-los definhar em vez de viver, e gemer pela felicidade perdida em vez de render-se à servidão. Que mais quer o elefante dizer quando, estando a defender-se até o fim, sem mais esperança, já no momento de ser capturado, enfia a mandíbula e quebra os dentes contra as árvores, senão que seu grande desejo de permanecer livre dotou-o de espírito e de astúcia para negociar com os caçadores, para ver se pode pagar ao preço de seus próprios dentes e seu marfim, deixados como resgate, o valor de sua liberdade?

Agradamos o cavalo desde o nascimento para habituá-lo a servir. Porém, mossas carícias não o impedem, quando o queremos domar, de morder o freio e de coicear, ao sofrer o golpe da espora. Ele quer testemunhar com isso, parece-me, que ele não obedece por sua vontade, mas por nossa pressão. O que dizer mais sobre isso?

"Até os bois gemem sob o jugo, e os pássaros, dentro da gaiola, reclamam", eu disse isto em verso, em outra ocasião.

Assim, uma vez que todo ser provido de sentimentos sente a infelicidade da opressão e corre em direção à liberdade; uma vez que os animais, mesmo aqueles destinados ao serviço do homem, apenas se submetem depois de protestar com um desejo contrário, que infortúnio pode ter desnaturado o homem - o único ser que realmente nasceu para ser livre - a ponto de fazê-lo perder a memória de sua primeira condição e o desejo de recuperá-la?

Existem três tipos de tiranos.

Uns reinam por eleição popular, outros por força das armas, e os do terceiro tipo reinam por sucessão de sangue.

Esse que adquiriu o poder por direito de guerra ajusta seu comportamento a isso - nós reconhecemos sua força, justamente pelo país conquistado. Aquele que nasce rei, em geral, dificilmente é melhor. Nascido e nutrido no seio da tirania, ele suga com o leite o que é típico do tirano, e considera os povos que lhe são submetidos como se fossem seus servos hereditários. De acordo com sua inclinação dominante - avaro ou pródigo - ele usa o reino como sua herança.

Quanto a esse que recebeu seu poder do povo, parece que deveria ser mais suportável; e ele seria, eu creio, se uma vez elevado acima de todos os outros, encorajado pelo que, não sei por qual motivo, geralmente é chamado de "grandeza", ele decidisse não mudar por causa disso. No entanto, quase sempre ele considera o legado que o povo lhe deu como algo que deve ser transmitido a seus filhos. Ora, uma vez que ele adota essa opinião, é surpreendente ver como ele supera todos os outros tiranos em vícios e crueldade. Ele não encontra meios melhores para garantir sua nova tirania senão com o reforço da servidão, suprimindo as idéias de liberdade de espírito de seus súditos com tanta eficácia que, por mais recente que seja a memória, ela logo pode ser apagada da mente. Para dizer a verdade, eu vejo entre esses tiranos algumas diferenças, mas nenhuma qualitativa, porque, embora alcancem o trono por diferentes meios, sua maneira de reinar é sempre a mesma. Aqueles que são escolhidos pelo povo tratam-no como um touro a ser domado; os conquistadores, como sua presa; e os que chegam ao trono por sucessão, como uma tropa de escravos que lhe pertence por natureza.

Eu colocaria a seguinte questão: se por ventura gentes novas nascessem hoje, não acostumadas à submissão nem conhecedoras do doce sabor da liberdade, ignorando inclusive o nome de uma ou de outra, e a elas se propusesse escolher entre estar sujeitas ou viver livres, qual seria sua opção? Sem dúvida, elas prefeririam obedecer à razão, em vez de servir a um homem, a menos que fossem como o povo de Israel, que, sem necessidade nem imposição, entregou-se a um tirano. Eu jamais li essa história sem sentir um grande rancor, que quase me leva à beira de sentir-me desumano, e até a alegrar-me com todos os males que aconteceram àquela gente. Pois, para que os homens, tanto quanto sejam homens, deixem-se sujeitar, uma de duas coisas tem de ocorrer: que eles sejam forçados a isso, ou que sejam enganados, i. e., sejam forçados por exércitos estrangeiros, como foram Esparta e Atenas pelas armas de Alexandre, ou enganados por esta ou aquela facção, como foi o governo de Atenas, que antes disso caiu nas mãos de Pisístrato.

Os homens frequentemente perdem a liberdade ao

serem enganados, mas são enganados por si mesmos com mais frequência que seduzidos por outros. Assim, o povo de Siracusa, capital da Sicília, pressionado pelas guerras e levando em conta apenas o perigo imediato, escolheu Dionísio I e deu-lhe o comando do exército. Esse povo não prestou atenção ao fato de que tornara tão poderoso esse infeliz homem que quando ele retornou triunfante, como se tivesse derrotado seus concidadãos em vez de seus inimigos, proclamou-se, primeiro, general, depois, rei, e, depois de rei, tirano. É inacreditável ver como as pessoas, uma vez sujeitadas, frequentemente caem em um olvido tão profundo de sua liberdade que é impossível que elas acordem para recuperá-la. Elas servem tão bem, e com tanta vontade, que se diria, ao vê-las, que elas não apenas perderam sua liberdade, mas ganharam sua servidão.

É verdade que, no começo, serve-se obrigado, e vencido pela força. Mas os sucessores servem sem lamentar e voluntariamente fazem o que seus predecessores haviam feito sob coação. Os homens nascidos sob o jugo e, portanto, alimentados e criados na servidão, sem enxergar mais à frente, contentam-se em viver como nasceram e não pensam em ter mais bens ou direitos do que aqueles que eles encontraram. Eles tomam por sua condição natural a condição de seu nascimento.

Entretanto, não há um herdeiro, pródigo ou indiferente, que não ponha um dia o olhar sobre os registros de seu pai para ver se usufrui todos os direitos de sucessão e para verificar se nada foi feito contra ele ou contra seus antecessores. Mas o costume, que exerce em todas as áreas um tão grande poder sobre nós, tem, acima de tudo, o poder de ensinar-nos a servir e, como relata Mitrídates, que acabou por acostumar-se ao veneno, o poder de ensinar-nos a ingerir o veneno da servidão sem achá-lo amargo. Sem dúvida, a natureza dirige-nos para onde ela quer, por bem ou por mal, mas devemos reconhecer que ela tem menos poder sobre nós do que o hábito. Por melhor que seja o aspecto natural, ele se perde se não for alimentado, e o hábito sempre nos molda à sua maneira, apesar da natureza. As sementes do bem que a natureza coloca em nós são tão pequenas e frágeis que não conseguem resistir ao menor choque de um costume de sinal oposto. É muito mais difícil cultivar essas sementes que degradá-las e degenerá-las, como aquelas árvores frutíferas que conservam as características de sua espécie se as deixamos crescer livres, mas que, de acordo com os enxertos que são feitos, perdem-nas, e dão frutos diferentes dos seus.

As ervas têm também suas propriedades exclusivas, suas naturalidades, suas singularidades; no entanto, o tempo de vida, o clima, o solo ou a mão do jardineiro aumentam ou diminuem em muito suas virtudes. A planta que é vista em um país é muitas vezes irreconhecível em outro.

Alguém que visse os venezianos, um punhado de pessoas vivendo tão livremente que nem o mais miserável deles gostaria de ser rei, nascidos e educados de modo a não conhecer outra ambição a não ser preservar sua liberdade, educada e treinada desde o berço, de modo que eles não trocariam um fio de sua liberdade por todas as outras felicidades da Terra... alguém que, dizia eu, visse aquelas pessoas lá e depois fosse para o domínio de algum "grande senhor", encontrando pessoas que tivessem nascido somente para servir o tirano e que tivessem abandonado sua própria vida para manter aquele poder, ele pensaria que esses dois povos têm a mesma natureza? Ou preferiria acreditar, ao contrário, que, deixando uma cidade de homens, estava entrando em um jardim zoológico?

Conta-se que Licurgo, o legislador de Esparta, criava dois cães, os dois irmãos e ambos alimentados com o mesmo leite. Um deles era engordado na cozinha, enquanto o outro estava habituado a correr pelos campos ao som da trompa e da corneta. Querendo provar aos lacedemônios que os homens são o que a cultura fez deles, ele expôs os dois cães em praça pública e pôs entre eles um prato de sopa e uma lebre. Um correu para o prato, o outro para a lebre. E, no entanto, ele disse, eles são irmãos!

Este homem, Licurgo, com suas leis e sua arte política, educou e formou tão bem os lacedemônios que cada um deles preferia sofrer mil mortes a submeter-se a algum outro senhor que não a lei e a razão.

Tenho o prazer de lembrar aqui uma anedota sobre um dos favoritos de Xerxes, grande rei da Pérsia, e dois espartanos. Quando Xerxes fazia os preparativos de guerra para conquistar toda a Grécia, enviou embaixadores a várias cidades do país para pedir água e terra - essa era a maneira usada pelos persas para reivindicar a rendição das cidades. Mas ele teve muito cuidado ao enviá-los a Esparta ou Atenas, porque antes seu pai Darío o fizera, e os espartanos e atenienses jogaram aqueles enviados, uns na fossa, outros no poço, dizendo-lhes: "Ide, tomai água e terra e levai-as a vosso príncipe".

Aquelas pessoas não podiam admitir que, mesmo com o mínimo de palavras, atentassem contra sua liberdade. Os espartanos reconheceram que, por agir de tal modo, haviam ofendido os deuses, especialmente Taltíbio, o deus dos mensageiros. Para aplacá-los então, eles decidiram enviar a Xerxes dois de seus concidadãos, de tal modo que ele, dispondo deles como quisesse, pudesse vingar-se pelo assassinato dos embaixadores de seu pai.

Assim, dois espartanos, um chamado Espértias e o outro, Bulis, ofereceram-se como vítimas voluntárias, e partiram. Quando chegaram ao palácio de um persa chamado Hidarno, lugar-tenente do rei em todas as cidades da Ásia que se achavam na orla do mar, este os recebeu com muitas honras, dedicou-lhes grande atenção e, cuidadosamente, perguntou-lhes por que eles rejeitavam tão fortemente a amizade do rei. "Os espartanos", ele disse, "podem ver por meu exemplo como o rei sabe honrar aqueles que têm merecimento. Creio que se vòs estivésseis a seu serviço e ele vos conhecesse, seríeis os governadores de alguma cidade grega". Os lacedemônios responderam: "Nisto, Hidarno, tu não nos podes dar bons conselhos, pois, embora tenhas experimentado a felicidade que nos prometes, ignoras completamente aquela que desfrutamos. Tu experimentas o favor do rei, mas não conheces a liberdade, com seu delicioso sabor. Ora, se tu a tivesse experimentado, tu nos aconselharias a defendê-la, não somente com a lança e o escudo, mas também com unhas e dentes". Somente os espartanos estavam falando a verdade, mas cada um falava ali de acordo com a educação que tinha recebido. Pois ao persa era tão impossível lamentar a liberdade que ele jamais usufruíra, como era para os lacedemônios, que a saborearam, aceitar a escravidão.

Catão de Útica, ainda criança e sob a tutela de seu preceptor, visitava frequentemente o ditador Sila, a cuja casa ele tinha acesso devido à posição de sua família e aos laços de parentesco. Nessas visitas, ele sempre era acompanhado por seu preceptor, como era o costume em Roma para com os filhos dos nobres. Certo dia, ele observou que na residência de Sila, em sua presença ou por ordem dele, uns foram feitos prisioneiros, outros foram condenados, um foi banido, outro ainda foi estrangulado. De um, ele pediu o confisco dos bens, de outro, pediu a cabeça. Em resumo, tudo se passava não como seria típico da casa de um magistrado da cidade, mas como seria próprio de um tirano do povo. Aquilo não era o santuário da justiça, mas a caverna da tirania. Aquele garoto disse a seu preceptor: "Que achas de dar-me um punhal? Eu o esconderia debaixo da roupa. Costumo entrar no quarto de Sila antes que ela se levante... Meu braço é forte o suficiente para libertar a cidade". Esta é, verdadeiramente, a palavra de um Catão. Um início de vida digno do que viria a ser sua morte. Oculta o nome e o país, conta somente o fato tal qual ele aconteceu, que ele falará por si. Será dito imediatamente: "Essa criança era romana, nascida em Roma quando ela era livre".

Por que eu digo isso? Não é minha intenção dizer que o país e o solo decidem tudo, pois em qualquer lugar a escravidão é amarga para os homens e a liberdade lhes é cara. Mas parece-me que se deve exercer a piedade em relação àqueles que já nasceram sob o jugo, e que eles devem ser perdoados se, nunca tendo visto uma sombra de liberdade nem ouvido falar dela, não sentem a infelicidade de ser escravos. Se existem países em que, como Homero disse do país dos cimérios, o Sol se mostra de maneira muito diferente do nosso, pois neles, após seis meses consecutivos de claridade, ele os deixa na escuridão durante os seis meses seguintes, seria surpreendente que quem nasceu durante a longa noite e nunca ouviu falar de claridade, ou jamais viu o dia, viesse a acostumar-se com a escuridão em que nasceu, sem nunca desejar a luz?

Não se lamenta nunca a perda do que nunca se teve. A dor vem sempre depois do prazer, e ao conhecimento do infortúnio se acrescenta sempre a lembrança de alguma alegria passada. A natureza do homem é ser livre e querer sê-lo, mas ele se adapta facilmente a outra direção quando a educação o prepara para isso.

Digamos então que, se todas as coisas tornam-se naturais ao homem quando este se habitua a elas, só persevera em sua natureza aquele que deseja apenas coisas simples e inalteradas. Portanto, a primeira razão para a servidão voluntária é o hábito. O mesmo acontece com os cavalos mais bravios, que de início mordem o freio, e divertem-se depois brincando com ele; que, resistindo até há pouco tempo sob a sela, agora se apresentam sob a cilha e, orgulhosos, engajam-se sob a armadura.

Alguns dizem que eles sempre foram submissos, que seus pais também viveram dessa maneira. Eles pensam que são feitos para suportar o mal e são persuadidos por meio de exemplos, consolidando-se, com o passar do tempo, a posse por parte daqueles que os tiranizam.

Mas, para dizer a verdade, o passar dos anos não dá o direito de fazer mal. Pelo contrário, aumenta a lesão. Existem alguns que, mais bem nascidos que outros, sentem o peso do jugo e não podem evitar tentar afastá-lo, que não se adaptam nunca à submissão, e que, como Ulisses, buscam por terra e por mar voltar a ver a fumaça de sua casa, não esqueceram seus direitos naturais, suas origens, seu estado primeiro e aproveitam qualquer ocasião para reivindicá-los. Essas pessoas, tendo entendimento preciso e espírito clarividente, não se contentam, como os ignorantes, em ver o que está sob seus pés sem olhar para trás ou para frente. Elas se lembram de coisas passadas para julgar o presente e antecipar o futuro. São aquelas pessoas que, tendo a cabeça elevada, refinam-na ainda mais pelo estudo e pelo conhecimento. São aquelas pessoas que, mesmo quando a liberdade é totalmente perdida e banida deste mundo, imaginam-na e sentem-na em seu espírito, e saboreiam-na. E a servidão as repugna, por mais que a disfarcem.

O grande turco [Suleiman] entendia bem que os livros e os pensamentos, mais que qualquer outra coisa, dão aos homens uma sensação de dignidade e de ódio pela tirania. Eu entendo que em seu país quase não há homens de ciência, sem os demandam. O zelo e a paixão daqueles que, apesar das circunstâncias, permanecem dedicados à liberdade geralmente resultam sem efeito, qualquer que seja o número deles, porque eles não podem fazer-se compreender. Os tiranos tiram-lhes toda a liberdade de agir, de falar e, por pouco, até de pensar, e eles permanecem isolados em seus sonhos. Momo (deus da mitologia grega) não estava brincando muito quando disse que via uma falha no homem forjado por Vulcano (Hefesto), já que ele não tinha uma pequena janela no peito, para que seus pensamentos fossem vistos.

Conta-se que Bruto e Cássio, quando empreenderam libertar Roma (isto é, o mundo todo) não quiseram que Cícero, o grande guardião do bem público, estivesse na operação, julgando seu coração fraco demais para tal ato. Eles acreditavam em sua vontade, mas não em sua coragem. Quem quiser rememorar os tempos passados e revisar os anais antigos ficará convencido de que quase todos aqueles que, vendo seu país maltratado e em mãos malfazejas, formarão o propósito de libertá-lo, com boa intenção, integra e direta, alcançando facilmente seu objetivo: para se manifestar, a liberdade sempre veio em seu auxílio. Harmódio, Aristógiton, Trasíbulo, Brutus o Velho, Valério e Dion, que conceberam um projeto tão virtuoso, realizaram-no com êxito. Nesses casos, um desejo firme quase sempre garante o sucesso.

Bruto o Jovem e Cássio conseguiram romper a servidão; eles pereceram apenas quando tentaram restaurar a liberdade, não de uma maneira miserável - pois quem ousaria encontrar algo de miserável em sua vida ou em sua morte? -, mas de uma maneira muito infeliz, pelo infortúnio perpétuo e pela ruína completa da República, que, em minha opinião, foi enterrada com eles. Outras tentativas contra os imperadores romanos foram apenas conspirações ambiciosas cujos fracasso e mau fim não são para ser lamentados, visto que não desejavam derrubar o trono, mas apenas sacudir a coroa, com o objetivo de expelir o tirano para melhor manter a tirania. Eu ficaria muito contristado se estes últimos tivessem sido bem-sucedidos e estou feliz por eles terem mostrado, por seu exemplo, que não se deve abusar do santo nome da liberdade para realizar uma ação ignóbil.

Mas para voltar a meu assunto, que eu quase havia perdido de vista, a primeira razão pela qual os homens servem voluntariamente é que eles nascem servos e são educados como tais. Desta primeira razão decorre outra: sob os tiranos, as pessoas rapidamente se tornam covardes e pusilânimes. Sou grato ao grande Hipócrates, pai da Medicina, por destacá-lo tão claramente em seu livro Enfermidades. Este homem tinha bom coração, e provou isso quando o rei da Pérsia quis atraí-lo por força de grandes ofertas e presentes; Hipócrates respondeu-lhe com franqueza que para ele era questão de consciência dedicar-se a curar os bárbaros que queriam matar os gregos, e servir com sua arte aqueles que queriam submeter seu país à servidão. A carta que ele escreveu acha-se ainda hoje entre seus outros trabalhos, e sempre testemunhará sobre sua coragem e sua nobreza.

É certo que junto com a liberdade também se perde a bravura. As pessoas submissas carecem de ardor e combatividade na luta. Elas vão para a batalha atordoadas e letárgicas, apenas cumprindo uma obrigação. Elas não sentem em seu coração o ardor da liberdade que as faria desprezar o perigo e as encorajaria a ganhar, junto com seus companheiros, a honra e a glória, mesmo ao preço de uma bela morte. Entre os homens livres, ao contrário, há um convite ao que é melhor, cada um para todos e cada um para si próprio. Eles sabem que todos receberão partes iguais do mal da derrota ou do bem da vitória. Mas as gentes submissas, desprovidas de coragem e de vivacidade, têm um coração fraco e preguiçoso, e são incapazes de realizar grandes ações. Os tiranos sabem muito bem disso e fazem o possível para acovardá-las ainda mais.

O historiador Xenofonte, um dos mais sérios e estimados entre os gregos, escreveu um pequeno livro no qual estabeleceu um diálogo entre Simonides e Heron, tirano de Siracusa, sobre as misérias do tirano. Esse livro está cheio de lições boas e importantes, e tem também, a meu ver, uma infinita graça. Quisera Deus que todos os tiranos que já existiram tivessem sido colocados ante este livro como diante de um espelho. Nele, eles teriam reconhecido suas verrugas e teriam tido vergonha de suas máculas. Esse tratado fala da punição sofrida pelo tirano que, ao fazer o mal a todos, é obrigado a temer todo mundo. Ele diz, entre outras coisas, que os reis malfazejos põem mercenários estrangeiros a seu serviço porque eles não ousam mais dar armas a seus súditos, aos quais eles têm maltratado. Na França, ainda mais em outros tempos que nos dias de hoje, alguns bons reis recebiam a soldo tropas estrangeiras, mas isso era primeiro para salvaguardar-se de seus próprios súditos, sem olhar para as despesas quando se tratava de proteger os homens.

Essa era também, creio eu, a opinião do grande Cipião o

Africano, que preferia ter salvado a vida de um cidadão a ter destruído cem inimigos. Mas a verdade é que o tirano não crê que seu poder está assegurado se ainda não chegou ao estágio de ter como súditos apenas homens sem valor. Poderíamos dizer a ele o que, segundo Terêncio, Trasão disse ao tratador dos elefantes:

"Quão corajoso tu és,
Que tens de cuidar das bestas?"

Essa astúcia dos tiranos, de imbecilizar seus súditos, não foi jamais tão evidente quanto na conduta de Ciro em relação aos lídios, depois que ele tomou sua capital e levou cativo Creso, esse rico rei. Chegou a ele a notícia de que os habitantes de Sardes estavam rebelados. Logo ele os reduziu à obediência. Mas não querendo destruir uma cidade tão bonita nem ser forçado a manter um exército lá para controlá-la, ele recorreu a um expediente admirável para assegurar a posse. Ele estabeleceu lá bordéis, tabernas e jogos públicos, publicando um edito que obrigava os cidadãos a ir até eles. Ele se deu tão bem com a medida que não precisou mais usar a espada contra os lídios. Essas pessoas miseráveis se divertiam inventando todos os tipos de jogos, e faziam isso tão bem que os latinos usaram o nome dos lídios para formar a palavra com a qual designaram o que chamamos de passatempos e eles chamavam "Ludi", corruptela da palavra "Lydio".

Nem todos os tiranos declaravam expressamente o propósito de debilitar seus súditos; mas, de fato, o que um ordenava formalmente, a maioria entre eles fazia-o em segredo. Tal é a tendência natural do povo ignorante, que geralmente é o mais numeroso nas cidades: desconfia daqueles que o amam e confia naqueles que o enganam. Não existe pássaro que mais facilmente se atraia com o pífaro, ou peixe que, pela delicadeza da minhoca, mais rapidamente morda o anzol que todas essas gentes que se deixam seduzir pela servidão ante o menor doce que se lhes façam degustar. É coisa maravilhosa que elas se deixem levar tão prontamente, por tão pouco que se lhes agrade. O teatro, os jogos, os passatempos, os espetáculos, os gladiadores, os animais exóticos, as medalhas, as pinturas e outras drogas dessa espécie eram para os povos antigos as iscas da servidão, o preço de sua liberdade subtraída, os instrumentos da tirania. Isto quer dizer que, naquelas práticas, essas tentações eram usadas pelos antigos tiranos para entorpecer seus súditos. Assim, as pessoas brutas, achando lindos todos aqueles passatempos, encantavam-se por um prazer vão que os deslumbrava, habituando-se a servir de modo tão imbecil que mais pareciam aquelas crianças pequenas que só aprendem a ler com imagens brilhantes.

Os tiranos romanos aumentavam mais ainda esses meios, fazendo frequentes banquetes, agradando conforme necessário aquela canalha atraída pelos prazeres da boca mais do que por qualquer outra coisa. Assim, nem mesmo os mais despertos entre eles teriam deixado sua tigela de sopa para redescobrir a liberdade da República de Platão. Os tiranos faziam-se generosos com o quarto de trigo, o sétimo de vinho, os sestércios e, em seguida, era habitual ouvir o grito de "viva o rei!". Essas pessoas brutas não percebiam que mal recuperavam uma parte do que era delas, uma parte que o tirano não poderia dar-lhes se ele não a tivesse tirado delas antes. Uns tomavam hoje o sestércio, outros festejavam no banquete público, bendizendo Tibério e Nero por sua liberalidade, mas, ao romper o dia seguinte, eram forçados a entregar suas propriedades à avidez, suas filhas à luxúria, seu próprio sangue à crueldade daqueles "magníficos" imperadores, sem dizer uma palavra, como se fossem uma pedra, e não se movendo mais que um tronco de árvore. As pessoas ignorantes sempre foram assim: pelo prazer que não podem receber honestamente, são prestativas e dispostas; pelo mal e pela dor que podem honestamente sofrer, são insensíveis.

Hoje não vejo ninguém que, ouvindo falar de Nero, não trema ante o nome desse monstro vil, dessa praga imunda. No entanto, deve-se dizer que, após sua morte, tão repugnante quanto sua vida, a vida desse ser prepotente, desse carrasco, dessa besta selvagem, o famoso povo romano experimentou tanto desgosto, lembrando-se de seus jogos e de suas festas, que esteve a ponto de chorar. Pelo menos é o que escreve Tácito, excelente autor, historiador dos mais confiáveis. E isso não será estranho se considerarmos o que essas mesmas pessoas haviam feito quando da morte de Júlio César, que havia sequestrado as leis e a liberdade romanas. Louva-se principalmente, parece-me, nesse indivíduo, sua "humanidade"; ora, ele foi mais funesto a seu país que a maior crueldade do mais selvagem tirano que já viveu, porque, na verdade, ele era a doçura venenosa que representava para o povo romano a beberagem da servidão. Depois de sua morte, aquelas pessoas, que ainda sentiam na boca o gosto de seus banquetes e em seu espírito a memória de seus prodígios, reuniram-se nos bancos da praça pública para acender uma grande fogueira em sua homenagem;

assim, foi-lhe levantada uma coluna como o "Pai do Povo" (sua capital trazia esta inscrição), e prestaram mais honras a esse homem morto que as que deveriam ser feitas a um homem vivo, em primeiro lugar, àqueles que o mataram.

Os imperadores romanos não se esqueciam de tomar o título de "Tribuno do povo", porque esse ofício era considerado santo e sagrado; estabelecido para a defesa e a proteção do povo, gozava de grande prestígio do Estado. Eles asseguravam com isso o meio para que o povo confiasse mais neles, como se fosse suficiente ouvir esse nome, sem a necessidade de sentir os efeitos. Mas eles não eram melhores que os de hoje, que, antes de cometer os piores crimes, fazem-no sempre preceder de alguns belos discursos sobre o bem público e a melhoria da vida dos miseráveis. São conhecidas as fórmulas que eles usam com tanta fineza. Mas pode-se falar em fineza lá onde existe tanta impudicícia?

Os reis da Assíria e, mais tarde, os reis medos, apareciam em público o mais raramente possível, para fazer as pessoas pensarem que tinham alguma coisa de sobre-humano e deixar sonhar aqueles que alimentavam a imaginação com o que não podiam ver com seus próprios olhos. Assim, muitas nações que estiveram longo tempo sob o domínio desses reis misteriosos acostumaram-se a servi-los, e serviam-nos ainda com mais vontade ao ignorar quem era seu senhor, ou mesmo se tinham realmente um, de tal modo que eles viviam com medo de um ser que nenhum deles jamais havia visto.

Os primeiros reis do Egito quase nunca se mostravam sem carregar sobre a cabeça ora um ramo, ora um fogo. Eles mascaravam-se e comportavam-se como prestidigitadores, inspirando, por aqueles modos estranhos, o respeito e a admiração de seus súditos, que, se não fossem tão estúpidos e submissos, haveriam de zombar e rir deles. É realmente lamentável descobrir tudo o que os tiranos dos tempos passados faziam para fundamentar sua tirania, e ver que para eles eram tão poucos meios, já que sempre achavam a população tão bem disposta a respeito deles que bastava apenas estender a rede para pescá-la. Quanto mais eles zombavam dela, mais fácil era enganá-la e escravizá-la.

Que direi eu de um outro engodo que os povos antigos tomavam por moeda corrente? Eles acreditavam firmemente que um dos dedos do pé de Pirro, rei do Épiro, realizava milagres e curava as doenças do baço. Eles adornavam ainda mais essa história dizendo que, quando o corpo do rei foi cremado, esse dedo foi encontrado entre as cinzas protegido do fogo, intacto. O povo sempre fabricou mentiras, juntando a elas uma fé estúpida. Muitos autores relataram aquelas mensagens. Pode-se ver facilmente que eles as coligiam entre as fofocas das cidades e as fábulas dos ignorantes.

Aqui estão as maravilhas atribuídas a Vespasiano, quando retornou da Assíria, passando por Alexandria, para ir a Roma capturar o Império: ele retificava os coxos, fazia os cegos enxergar, e milhares de outras coisas que não eram críveis, a meu ver, a não ser por pessoas mais cegas que aquelas que ele curava.

Os próprios tiranos achavam estranho que os homens permitissem que outro os maltratasse, e é por isso que se cobriam voluntariamente com o manto da religião e se disfarçaram com a auréola da divindade para garantir sua vida perversa. Assim, Salmoneu, por ter zombado do povo fazendo-se passar por Júpiter, acha-se agora nas profundezas do inferno, de acordo com a sibila de Virgílio ("A Eneida"), que o teria visto lá:

"Lá, os filhos de Aloeo repousam seus corpos gigantes,
Eles que, cortando o ar com sua cabeça deformada,
Ousaram atacar o lar das divindades,
E do trono eterno expulsar o Rei do Céu (Júpiter);
Lá eu vi dos deuses o rival sacrilégio,
Que do raio usurpou o divino privilégio,
Para roubar do povo um criminoso incenso
De quatro cavalos de pés tonitruantes,
Manobrando um carro vão na Élide trêmula,
Com uma tocha na mão difundia o terror:
Adulador de quem do céu queria ser soberano,
Pelo ruído de seu carro e de sua ponte de bronze
Do trovão imitava o estrondo inimitável!
Mas Júpiter lançou o raio verdadeiro
E colapsou-o, cobrindo com um vórtice de fogo
O carro, os mensageiros, os raios e a divindade.
Seu triunfo foi curto, sua dor, eterna."

Se aquele que queria apenas fazer-se de idiota foi assim tratado lá embaixo, acredito que aqueles que abusaram da religião para fazer o mal estarão lá recebendo um ensinamento ainda melhor.

Nossos tiranos da França também semeavam um não sei quê do mesmo gênero: os sapos no brasão, a flor de lis, a ampola sagrada e o estandarte. São coisas que, de minha parte e de quem quer que seja, não quero crer que sejam apenas conversa inepta, pois nossos ancestrais nelas acreditavam e em nosso tempo não tivemos ocasião de suspeitar delas. Pois tivemos alguns reis tão bons na paz e tão corajosos na guerra que, conquanto tenham nascido reis, parece que a natureza não os fez como os outros e que o Deus todo-poderoso escolheu-os antes do nascimento para confiar-lhes o governo e a proteção deste reino. E mesmo que não fosse esse o caso, eu não gostaria de entrar em luta para discutir a verdade de nossas histórias ou estimulá-las livremente, para não levar um assunto tão belo aonde nossa poesia francesa poderá ser tão bem confrontada, essa poesia que não só foi embelezada, mas que, por assim dizer, foi refeita por Ronsard, Baïf e Du Bellay: eles tanto fizeram progredir nosso idioma que ouso esperar que em breve não teremos nada a invejar de gregos ou latinos, exceto pelo direito de primogenitura.

Certamente, eu faria muito mal a nossa rima (uso de bom grado essa palavra, da qual gosto, porque, mesmo que muitos a tenham transformado em algo mecânico, eu vejo, entretanto, que outros são capazes de dar-lhe nobreza e devolver-lhe seu brilho primevo). Eu faria grande mal, digo eu, em lançar fora as belas histórias sobre o rei Clóvis, nas quais se ilumina tão prazerosamente e tão facilmente a verve de nosso Ronsard, em sua Francíada. Eu capto sua importância, conheço seu fino espírito e sei da graça desse homem. Ele fará dos estandartes seu assunto, como os romanos faziam com seus ancestrais e fizeram com aqueles

"Escudos lançados do céu para baixo",

dos quais Virgílio fala. Ele tirará de nossa Santa Ampola a mesma boa parte que os atenienses tiraram da cesta de Erisictão. Ele falará de nosso brasão de armas o mesmo que do ramo de oliveira, que eles pretendem que ainda exista na torre de Minerva. Certamente seria tolice querer desmentir nossos livros e assim correr sobre a seara de nossos poetas.

Mas, para retornar a meu assunto, do qual eu já me distanciava, eu não sei muito como, mas não está claro que os tiranos, para afirmar seu poder, fazem um esforço para acostumar as pessoas, não apenas à obediência e a servidão, mas também sua devoção? Tudo isto que eu disse até agora sobre os meios utilizados pelos tiranos para impor a servidão é exercido apenas sobre pessoas ignorantes.

Chego agora a um ponto que, em minha visão, é a energia e o segredo da dominação, a sustentação e o fundamento de toda tirania. Aquele que pensar que os lanceiros, os guardas e os vigilantes são proteção suficiente para os tiranos estará totalmente enganado. Eles servem-se deles, creio eu, mais por forma e temor que por confiança. Os arqueiros podem impedir o acesso ao palácio aos incapazes, que não têm meios para causar danos, mas não aos audaciosos bem armados. Vê-se facilmente que, entre os imperadores romanos, menos numerosos são aqueles que escaparam do perigo graças ao concurso de seus arqueiros que aqueles que morreram nas mãos de seus próprios homens. Não são os homens da cavalaria, as companhias de soldados, nem são as armas que defendem o tirano, mas sempre (será difícil crer de início, mas é a exata verdade) quatro ou cinco homens que o sustentam e a ele submetem todo o país. Sempre foi assim: cinco ou seis vão ao ouvido do tirano, chegando a ele pela proximidade que já desfruta, ou são convidados por serem os cúmplices de suas crueldades, companheiros de seus prazeres, rufiões de sua voluptuosidade e beneficiários de suas presas.

Esses moldam tão bem a cabaça do chefe que ele se torna um símbolo para a sociedade não somente de sua própria perversidade, mas também daquela dos seus. Aqueles seis homens têm sob si outros seiscentos, que eles corrompem tanto quanto corromperam o tirano. Esses seiscentos têm sob sua dependência outros seis mil, que eles elevam em dignidade. Dão-lhes o governo das províncias ou o manuseio da moeda, para que sejam presos por sua crueldade ou por sua ganância, de modo a exercitá-los no momento certo e fazer-lhes tão mal que não possam manter-se senão sob sua sombra, e que somente graças à sua proteção eles possam escapar de leis e punições.

Grande é o número daqueles que os seguem. Quem quiser desenrolar o fio verá que não são seis mil, mas cem mil ou mesmo milhões, que apoiam o tirano por essa corrente ininterrupta que os solda e os liga a ele, como Homero diz de Júpiter (Zeus), que se vangloria de, puxando uma tal corrente, arrastar para si todos os outros deuses. Disso é que veio o aumento do poder do Senado sob Júlio César, o estabelecimento de novas funções, a instituição de novos cargos, não certamente para reorganizar a justiça, mas para dar nova sustentação à tirania.

Em resumo, pelos ganhos e favores que eles recebem do tirano chega-se ao ponto em que eles se acham quase tão numerosos - esses aos quais a tirania favorece - quanto aqueles a quem a liberdade agradaria.

Segundo o que dizem os médicos, ainda que nada pareça ter mudado em nossos corpos, assim que um tumor se manifesta em algum lugar, todos os humores são direcionados para essa parte infeccionada. Da mesma forma, assim que um rei é declarado tirano, todos os malfeitores, toda a escória do reino, não quero dizer alguns celerados e vilões que não podem causar nem bem nem mal a um país, mas àqueles que estão possuídos de uma ambição ardente e uma notável ganância, esses agrupam-se em torno desse rei e o sustentam para ter parte no butim e para constituir-se, sob o grande tirano, em alta quantidade de pequenos tiranos.

Assim são os grandes ladrões e os corsários famosos. Alguns percorrem o país, outros perseguem os viajantes. Alguns preparam emboscadas, outros fazem a ronda. Alguns massacram, outros espoliam, e embora entre eles existam hierarquias, sendo alguns deles serviçais e outros chefes de bando, no fim não
há quem não tire proveito, senão do butim principal, pelo menos das migalhas.

Conta-se que os piratas da Cilícia reuniam-se em número tão grande que foi necessário enviar contra eles o grande Pompeu, e que eles atraíam para sua aliança muitas belas e grandes cidades, em cujos portos, quando voltavam de seus percursos, refugiavam-se em segurança, entregando em troco uma parte do resultado das pilhagens que eram ali ocultadas.

É desse modo que o tirano escraviza os súditos, pondo uns contra os outros. Ele é protegido por aqueles de quem ele deve guardar-se, se esses tiverem algum valor. Mas, como já foi dito, para fender a madeira faz-se cunha na própria madeira; assim são precisamente seus arqueiros, seus guardas, seus lanceiros. Não é que eles não sofram frequentemente, mas esses miseráveis abandonados por Deus e pelos homens contentam-se em aguentar o mal e em fazê-lo, não àqueles que o provocam, mas àqueles que, como eles, também o suportam e não têm como evitá-lo. Quando penso nessas pessoas que bajulam o tirano para tirar proveito de sua tirania e da servidão do povo, sinto-me quase sempre tão surpreso com a perversidade delas quanto penalizado por sua estupidez.

Pois, para dizer a verdade, aproximar-se do tirano não é outra coisa senão afastar-se da liberdade e, por assim dizer, abraçar e cumprimentar com as duas mãos a servidão. Que eles ponham à parte por um momento sua ambição, que se distanciem um pouco de sua ganância, e depois que se olhem uns para os outros, que se considerem a si mesmos, eles verão claramente que esses aldeões, esses camponeses em quem eles pisam e esses a quem tratam como condenados ou escravos, eles verão, dizia eu, que esses, tão maltratados, são mais felizes que eles e, de alguma forma, mais livres. O lavrador e o artesão, por mais escravizados que estejam, passam ao largo da obediência; mas o tirano vê aqueles que o rodeiam como pessoas que negociam e mendigam seus favores. Eles não devem simplesmente fazer o que ele ordena, mas também pensar o que ele quer que pensem e, muitas vezes, para satisfazê-lo, bloquear seus próprios desejos. Isto não é ainda a totalidade da obediência a ele, pois eles devem agradá-lo, devem alquebrar-se, atormentar-se, matar a si mesmos por causa dos interesses dele e, uma vez que não desfrutam do prazer dele, devem sacrificar seus gostos, forçar seu temperamento e abandonar sua natureza. Eles devem estar atentos a suas palavras, a sua voz, a seu olhar, a seus gestos, de modo que seus olhos, seus pés e suas mãos devem estar continuamente ocupados em espiar as vontades e em adivinhar os pensamentos do tirano.

Isto é viver feliz? É isto ao menos viver? Existe no mundo algo mais insuportável que esse estado, não digo para todo homem corajoso, mas para aquele que tenha bom senso ou mesmo a mera aparência humana? Que condição é mais miserável que esta de viver dessa maneira, sem nada de si e disponibilizando a outra pessoa suas comodidades, sua liberdade, seu corpo e sua vida?

Mas eles querem servir para acumular riqueza, como se pudessem ganhar qualquer coisa que fosse de sua propriedade, quando nem sequer podem dizer que esses bens são deles mesmos. E como se, sob um tirano, alguém pudesse realmente ter qualquer coisa de seu, eles querem tornar-se detentores de riqueza, esquecendo que eles próprios é que dão ao tirano a força para arrebatar tudo de todos, não deixando ninguém que possa dizer que se pertence a si mesmo. No entanto, eles veem que essas riquezas é que fazem os homens dependerem da crueldade do tirano; que para ele não há crime mais digno de morte que a vantagem de outrem; que ele ama somente as riquezas e não hesita em atacar os ricos. Apesar de tudo, estes aparecem diante dele como cordeiros diante do matador, gordos e bem apascentados, como se quisessem invejá-lo.

Esses favoritos devem lembrar-se menos dos que ganhavam muito com os tiranos que daqueles que, tendo conseguido saciar-se por algum tempo, perderam logo depois todos os seus bens e até a vida. Eles devem pensar menos no grande número de pessoas que adquiriram riquezas que no pequeno número de pessoas que conseguiram conservá-las.

Percorramos todas as histórias antigas e invoquemos todas aquelas de que nos lembrarmos. Veremos quão numerosos são aqueles que chegaram por más artes até o ouvido dos príncipes, seja lisonjeando suas más inclinações, seja abusando de sua ingenuidade, e foram finalmente esmagados por esses mesmos príncipes, que tiveram tanta facilidade em elevá-los quanto foram inconstantes em defendê-los. Entre aqueles que estiveram próximos dos maus reis, são poucos, ou quase nenhum, que não experimentaram a crueldade do tirano, a quem anteriormente tinham incitado contra outros. Frequentemente enriquecidos à sombra do favor do tirano, pelo butim retirado de outros, eles por fim enriqueciam o tirano com seus próprios espólios.

Mesmo as pessoas de bem - às vezes o tirano as ama - falham em manter a consideração por parte do tirano, por mais brilhantes que apareçam nelas a virtude e a integridade (o que, mesmo aos perversos, costuma inspirar certo respeito quando vistas de perto), estas pessoas de bem, dizia eu, não serão capazes de manter-se ao lado do tirano. Elas também experimentarão o mal comum e sofrerão a tirania. Assim foi com um Sêneca, um Burrus, um Trásea, essa trindade de pessoas de bem, da qual os dois primeiros tiveram a infelicidade de estar perto de um tirano de quem eram muito queridos e que lhes confiou a administração de seus negócios. Embora um deles tenha educado o tirano e tenha tido como garantia da amizade o zelo que ele lhe prestou durante a infância, os três, cuja morte foi muito cruel, não são exemplos suficientes da pouca confiança que se deve ter frente a um senhor perverso? Na verdade, que amizade pode ser esperada de alguém que tem um coração duro o suficiente para odiar todo um reino que somente lhe obedece, e de um ser que, incapaz de amar, empobrece-se destruindo seu próprio império?

Ora, alguém pode querer dizer que Sêneca, Burrus e Trásea sofreram aquele infortúnio precisamente por serem pessoas muito boas. No entanto, se olharmos atentamente o entorno do próprio Nero veremos que aqueles que tiveram sua graça e que estavam perto dele por cultivar arrogância, estes não tiveram um fim melhor.

Quem já ouviu falar de um amor tão desenfreado, de uma afeição tão obstinada, de um homem tão teimosamente apegado a uma mulher como foi Nero em relação a Pompeia? No entanto, ele a envenenou. Sua mãe, Agripina, para colocá-lo no trono havia matado seu próprio marido, Cláudio; ela tudo sofreu e tudo empreendeu para favorecê-lo. Não obstante, seu filho, seu bebê, a quem ela fez imperador pelas próprias mãos, tirou sua vida, depois de maltratá-la com frequência. Ninguém nega que ela teria bem merecido aquela punição, se ela lhe tivesse sido infligida por qualquer outro.

Quem era mais fácil de tratar, mais simples e, melhor dizendo, mais tolo que o imperador Cláudio? Quem foi mais louco por uma mulher do que o que ele foi por Messalina? Todavia, ele a entregou ao carrasco. Os tiranos bestiais mantêm-se bestiais a ponto de jamais saber fazer o bem, mas, não sei como, no fim de tudo, o pouco de espírito que neles desperta é para usar a crueldade contra os mais próximos. Sabe-se a história daquele que, vendo descoberta a garganta de sua esposa, a pessoa que ele mais amava e sem a qual ele parecia incapaz de viver, fez-lhe este belo elogio: "Este lindo pescoço será cortado agora, se eu assim ordenar". Eis porque a maior parte dos tiranos foi morta por seus favoritos, pois, conhecendo a natureza da tirania, viviam inseguros quanto à vontade do tirano e desconfiavam de seu poder. Dessa forma é que Domiciano foi morto por Estéfano, Cômodo por uma de suas amantes, Caracala pelo centurião Marcial, incentivado por Macrino, e assim quase todos os outros.

Certamente, o tirano nunca ama, e jamais amou. Amizade é uma palavra sagrada, uma coisa santa. Ela existe apenas entre pessoas boas. Nasce de uma estima mútua e mantém-se menos pelas vantagens obtidas com ela que pela honestidade. O que faz um amigo cultivar o outro amigo é o conhecimento de sua integridade. Ele tem por garantia sua boa natureza, sua lealdade, sua constância. Não pode haver amizade onde se acha a crueldade, a deslealdade e a injustiça. Entre celerados, quando eles se reúnem tem-se um complô, não uma sociedade. Eles não se amam, mas temem-se uns aos outros. Eles não são amigos, mas cúmplices.

Mesmo que não fosse assim, seria difícil encontrar um amor seguro em um tirano, pois, estando acima de todos, sem que ninguém seja seu par, ele já ultrapassou os limites da amizade. Esta floresce na igualdade, cujo ritmo é sempre igual e nunca se pode romper. Eis porque há, como costumam dizer, uma espécie de boa fé entre os ladrões quando da partilha do butim. É que eles todos são pares e comparsas. Se não se amam uns aos outros, pelo menos eles se temem. Eles não querem debilitar sua força com desunião.

Mas os favoritos de um tirano nunca podem contar com ele, porque eles mesmos o ensinaram que ele pode fazer tudo, que nenhum direito ou dever o obriga, que ele se habitua a não ter outra razão a não ser sua vontade, que ele não tem iguais e que ele é o senhor de todos. Não é deplorável que, apesar de tantos exemplos esclarecedores, e conhecendo o perigo tão presente, ninguém queira tirar lições das misérias de outros e que haja tantas pessoas que ainda se aproximam voluntariamente do tirano? Pois não se acha ninguém que tenha a prudência e a coragem de dizer, como a raposa da fábula ao leão que se fingia de doente: "Eu iria de bom grado fazer-te uma visita em teu covil, mas vejo muitos vestígios dos pés de animais que entram; quanto aos daqueles que saem, não vejo nenhum."

Esses miseráveis veem reluzir os tesouros do tirano; eles admiram, surpresos, os lampejos de sua magnificência. Atraídos por aquele esplendor, eles se aproximam sem perceber que estão se aproximando de uma chama que não os pode deixar de devorar, como o sátiro imprudente da fábula que, vendo brilhar o fogo roubado por Prometeu, achou-o tão bonito que foi beijá-lo, e lá foi incinerado. Assim também é a borboleta, que, na esperança de desfrutar de algum prazer, lança-se contra o fogo, porque o vê brilhante, mas logo verifica, como disse Lucano, que ele tem também o poder de queimar.

Mas vamos supor ainda que essas pessoas gentis conseguem escapar das mãos daquele a quem servem. Elas não serão salvas das mãos do rei que o sucede. Se ele for bom, ele os fará prestar contas e submeter-se à razão; se for ruim, como seu antecessor, ele não pode deixar de ter também seus próprios favoritos, dos quais, em geral, não se contenta em tomar o lugar, mas também quererá tirar seus bens e sua vida. Pode existir alguém que, face a tal perigo e com tão poucas garantias, quer ocupar uma posição tão infeliz e servir com tantos sofrimentos a um senhor tão perigoso?

Que tristeza, que martírio, grande Deus! Estar ocupado noite e dia agradando a um homem, e salvaguardar-se dele mais que de qualquer outra pessoa no mundo! Estar sempre de olho vigilante, com os ouvidos atentos, para espiar de onde virá o golpe, para descobrir as emboscadas, para verificar a aparência dos concorrentes, para adivinhar onde está o traidor! Sorrir para cada um e desconfiar de todos, não tendo inimigo declarado abertamente nem amigo assegurado! Mostrar sempre uma fisionomia sorridente, quando o coração está congelado! Não poder ser feliz, nem ousar estar triste!

É realmente engraçado considerar o que é devido a eles em troca desse grande tormento, e ver o bem que eles podem esperar de sua dor e de sua vida miserável: não é ao tirano que o povo acusa pelos males que sofre, mas àqueles que o governam.

Os povos, as nações, todos, incluindo os camponeses e lavradores, todos sabem seus nomes e contam seus vícios. Acumulam sobre eles mil ultrajes, mil insultos e mil xingamentos. Todas as preces e todas as maldições são contra eles. Todos os infortúnios, todas as pragas e todas as fomes entram na conta deles. E se às vezes faz-se semblante de render-lhes homenagem, ao mesmo tempo proferem-se maldições contra eles, do fundo do coração, e têm-se a eles mais horror que às bestas selvagens.

Eis a honra, eis a glória que eles recebem por seus serviços a indivíduos que, se pudessem ter um pedaço de seu corpo, ainda assim não estariam satisfeitos, nem mesmo meio consolados em seu sofrimento. Mesmo após a morte deles, os sobreviventes não conseguem impedir que o nome desses devora-povos seja maculado pela tinta de mil penas e que sua reputação seja destruída em mil livros. Até seus ossos são, por assim dizer, lançados na lama por toda a posteridade, como para puni-los depois da morte por sua vida perversa.

Vamos aprender, portanto. Vamos aprender a fazer o bem. Vamos levantar os olhos para o céu por nossa honra ou por amor à virtude, ou, melhor ainda, por aqueles do Deus Todo-Poderoso, testemunho fiel de nossos atos e juiz de nossas falhas. Por mim, penso - e não creio que esteja enganado -, uma vez que nada é mais contrário a um Deus bom e liberal que a tirania, que ele expressamente reserva lá embaixo aos tiranos e seus cúmplices uma punição muito particular.

Da Amizade

Michel de Montaigne

Considerando a condução do trabalho de um pintor que eu emprego, isso me fez querer segui-lo. Ele escolhe o lugar mais bonito no meio de uma parede para abrigar um quadro elaborado com toda a sua competência; e, vendo tudo ao redor, enche-o de extravagâncias, que são pinturas erráticas, tendo graça apenas na variedade e na estranheza. O que são também aqui, na verdade, estas extravagâncias e esses corpos monstruosos que parecem ter vários membros, sem uma figura certa, sem ordem, seguindo uma proporção apenas fortuita?

"Desinit in piscem mulier formosa superne."

Vou diretamente a este segundo ponto com meu pintor, mas permaneço atrás da outra e melhor parte: pois minha competência não alcança o ponto de ousar realizar uma pintura rica, plural e formada de acordo com os princípios da arte. Assim, aconselhei-me a pedir emprestado uma de Étienne de la Boétie, que honrará todo o restante desta obra. É um discurso ao qual ele deu o nome de "La Servitude Volontaire", mas que aqueles que ignoravam este título apelidaram-no apropriadamente de "Le Contre Un".

Ele o escreveu em forma de ensaio, em sua tenra juventude, em honra da liberdade, contra os tiranos. Ele corre nas mãos de pessoas de alta compreensão, não sem grande e merecida recomendação, pois é agradável e tão completo quanto possível. Se há algo a ser dito, é que ainda não é o melhor que ele poderia fazer; e se, na época em que eu o conheci, tempos depois, ele tivesse adotado um projeto como o meu, de pôr por escrito suas fantasias, teríamos visto várias coisas raras, que o colocariam muito perto da honra da Antiguidade: pois, especialmente nesta parte dos dons da natureza, não conheço nenhum outro que seja comparável a ele.

Mas restou dele apenas esse discurso, ainda por encontrar, e acredito que ele só depois percebeu que tinha escapado, e algumas memórias sobre essa edição de janeiro (de 1588), famosa por nossas guerras civis, que ainda acharão que outros lugares podem ser seu lugar. Isso é tudo o que posso recuperar de suas relíquias, do que ele deixou, com uma recomendação tão amorosa - a morte entre os dentes -, que por seu testamento fez-me herdeiro de sua biblioteca e de seus papéis, além do livreto de suas obras que eu trouxe à luz. E eu sou particularmente grato a esta parte, especialmente porque ela de mediação para nosso primeiro contato. Pois ela me foi mostrada muito antes de eu vê-lo, e deu-me o primeiro conhecimento de seu nome, propiciando assim esta amizade que nós nutrimos, durante o tempo que Deus permitiu a nós, tão íntegra e tão perfeita que certamente não se há lido coisa similar, de tempos passados, e, entre nós homens, não foram vistos vestígios disso em uso.

São necessários tantos encontros para formar uma tal amizade, que será muito se a sorte a fizer chegar uma vez a cada três séculos.

Não há nada para a qual a natureza pareça ter-nos endereçado tanto que para a relação de sociedade. E Aristóteles diz que os bons legisladores estão mais preocupados com a amizade que com a justiça. Ora, o último ponto de sua perfeição está aqui. Pois, em geral, todos aqueles cuja voluptuosidade ou cujo lucro, público ou privado, precisam ser forjados e nutridos, são menos bonitos e generosos, e menos amigáveis, já que misturam diferentes causas, objetivos e frutos com a amizade, mais que ela própria. Com essas quatro espécies de relação dos antigos, que são a natural, a social, a hospitaleira e a venérea, ela não mostra coincidência, nem particularmente nem conjuntamente.

Dos filhos para os pais a relação é mais de respeito. A amizade é nutrida pela comunicação que não pode ser encontrada entre filhos e pais pela grande disparidade entre eles, e ela transformaria em aventura os deveres da natureza. Como nem todos os pensamentos secretos dos pais podem ser comunicados aos filhos, para não gerar um inconveniente privado, assim também as advertências e as correções, que são dos primeiros entre os ofícios da amizade, não podem ser exercidas de filhos para pais.

Existem nações em que, por costume, as crianças matavam seus pais, e ainda outras em que os pais matavam seus filhos, para evitar o embaraço que eles pudessem às vezes interpor, e naturalmente um dependia da ruína do outro. Havia filósofos que desprezavam essa urdidura natural, como testemunha Aristipo: quando foi pressionado sobre o carinho que tinha de devotar a seus filhos por terem estes saído dele, pôs-se a cuspir, dizendo que aquilo era a mesma coisa, que não geramos mais que muito pus e muitos vermes. E aquele outro, que Plutarco queria induzir a concordar com seu irmão: Eu não faço disso uma condição melhor, disse ele, só por termos saído do mesmo buraco. O nome de irmão é, na verdade, um nome bonito e cheio de dileção, e nesta causa nós pusemos, La Boétie e eu, nossa aliança.

Mas essa mistura de bens, essas divisões, em que a riqueza de um seja a pobreza de outro, isso maravilhosamente despe e relaxa o vínculo fraternal. Os irmãos precisam conduzir o progresso de seus avanços no mesmo caminho e no mesmo comboio, daí é inevitável que se machuquem e muitas vezes que se choquem. Além disso, a correspondência e a relação que geram a verdadeira e perfeita amizade, por que elas estarão entre irmãos? O pai e o filho podem ser de compleição totalmente oposta, e os irmãos também. Ele é meu filho, ele é meu pai, mas ele é um homem feroz, um perdedor ou um tolo. E então, à medida que são amizades que a lealdade e a obrigação natural nos impõem, há ainda menos opções e menos liberdade voluntária. E nossa liberdade voluntária não tem uma produção mais propriamente sua do que a do afeto e da amizade. Não é que eu não tenha tentado esse custo, a tudo o que pode ser, tendo tido o melhor pai que me foi possível, o mais indulgente, até sua avançada velhice, e sendo de uma família famosa de pais para filhos, e exemplar nesta parte da concórdia fraterna,

"Et ipse

notos in fratres animi paterni.
Neque enim est dea nescia nostri,
quae dulcem curis miscet amaritiem."

Para comparar a afeição dos homens em relação às mulheres, ainda que isso venha de nossas próprias escolhas, não se pode igualmente incluí-la nesta parte, que é a amizade. Seu fogo, confesso, é mais ativo, mais cortante e mais áspero. Mas é um fogo temerário e volátil, agitado e variado, fogo febril, sujeito a acessos e refluxos, e que nos mantém atados a uma criatura. Na amizade, diferentemente, tem-se um calor geral e universal, temperado de modo dilatado e igual, um calor constante e tranquilizador, de total doçura e polidez, que nada tem de áspero nem de pungente. Além disso, no amor, não há nada mais que um desejo frenético impositivo, depois daquilo que nos tem escapado:
"Come segue la lepre il cacciatore
Al freddo, al caldo, alla montagna, al lito;
Ne piu l'estima poi che presa vede,
Et sol dietro a chi fugge affretta il piede."
(Como a uma lebre segue o caçador
No frio, no quente, montes, litoral;
Não mais que a estima é o que se pode ver,
E só atrás de quem foge apressa o pé.)

Assim que ele entra nos termos da amizade, isto é, na conveniência de ambas as vontades, ele desaparece e definha. A alegria se perde, como tendo um fim corporal e sujeito à saciedade. A amizade, ao contrário, é apreciada à medida que é desejada, ela se eleva, alimenta-se, toma crescimento apenas pela graça como um ser espiritual, e a alma é refinada pelo uso. Sob essa amizade perfeita, os afetos voláteis também encontraram seu lugar em mim, para não falar de La Boétie, que também cultivou o amor e confessa muito isso em seus versos. Então essas duas paixões chegaram a mim dando-me o conhecimento de uma e de outra, mas nunca para igualá-las: a amizade mantém sua rota em um voo augusto e soberbo, e observa desdenhosamente o amor passar suas bordas muito abaixo dela.

Quanto ao casamento, além do fato de ser um mercado que tem apenas a entrada livre (sua duração é limitada e forçada, dependendo, além disso, do que queremos), e um mercado geralmente feito para outros fins, ele improvisa mil foguetes estranhos a serem desmontados, suficientes para romper o fio e perturbar o curso de uma afeição viva; enquanto que na amizade não há relação com comércio, mas apenas com ela mesma. Junto a isto, para dizer a verdade, a suficiência ordinária das mulheres não responde a esta conferência e a esta comunicação, nutridas por esta santa costura; a alma delas não parece firme o suficiente para segurar o punho de um nó tão pesado e tão duradouro. E certamente, sem isso, se fosse possível estabelecer tal conhecimento, livre e voluntário, onde não apenas as almas têm essa alegria íntegra, mas ainda onde os corpos têm parte na aliança, onde o homem estava inteiramente engajado, é certo que a amizade seria mais plena e mais realizada. Mas este sexo frágil, por nenhum exemplo, ainda não chegou a esse ponto, e, pelo consentimento comum dos antigos eruditos, rejeita-o.

E essa outra licença grega é justamente execrada por

nossa moral. Ela, no entanto, por ter, de acordo com seu uso, uma tão necessária disparidade de idades e uma diferença de ofícios entre os amantes, não correspondia suficientemente à perfeita união e conveniência que aqui pedimos:
"Quis est enim iste amor amicitiae?
Cur neque deformem adolescentem quisquam amat,
Neque formosum senem?"

Pois da pintura mesma, de fato a academia não me privará, como penso, de dizer tal coisa de sua parte: que esse primeiro furor inspirado pelo filho de Vênus no coração do amante sobre o objeto da flor de uma tenra juventude, à qual eles permitem todos os esforços insolentes e apaixonados que podem produzir um ardor imoderado, foi simplesmente fundado em uma beleza externa, uma imagem falsa da geração corporal. Pois ele não podia fundar-se no espírito, do qual o mostrador ainda estava escondido, e que era apenas seu nascimento, antes do estado de germinação.

Se esse furor apreende uma alma de pouca coragem, a medida de sua busca serão riquezas, presentes, favores, concessão de dignidades, e outras mercadorias baixas, que os eruditos reprovam. Se ele cair em uma coragem mais generosa, os meios serão também generosos: instruções filosóficas, ensinamentos para reverenciar a religião, obedecer às leis, morrer pelo bem de seu país, exemplos de bravura, prudência, justiça: o amante haverá de estudar para tornar-se aceitável pela boa graça e beleza de sua alma, a de seu corpo ser peça evanescente, e esperar essa sociedade mental estabelecer um mercado mais firme e sustentável.

Quando essa busca entrou em vigor em seu estágio (pois

o que eles não exigiam da amante, que trazia lealdade e discrição em seu empreendimento, eles exigiam exatamente do ser amado: tanto mais quanto era necessário julgá-lo como uma beleza interna, de difícil cognição e abstruso desvelamento), então nascia na amada o desejo de uma concepção espiritual através de uma beleza também espiritual. Isto é aqui o principal: o corporal era acidental e secundário, tudo ao contrário do que ocorria com a amante. Por causa disso, eles preferiam a amada, alegando que os deuses também preferiam, e admoestavam muito o poeta Ésquilo, por ter este, no amor de Aquiles e Pátroclo, dado a parte do amante a Aquiles, que estava no primeiro e imberbe frescor da adolescência, e era o mais bonito dos gregos. Depois desta comunidade geral, com a parte predominante e mais digna dela exercendo seus ofícios, eles dizem que daí resultavam frutos muito úteis para o privado e para o público; que foi a força do país que recebeu o uso e a principal defesa da equidade e da liberdade, conforme testemunha o amor salutar de Hermódio e Aristogiton. Assim, eles chamavam isso de sagrado e divino, e, na conta deles, apenas a violência dos tiranos e a estupidez das pessoas poderiam ser contrários. No final, tudo o que se pode conceder em favor da academia é dizer que foi um amor que terminou em amizade: algo que não se ajusta mal à definição estóica de amor:

"Amorem conatum esse amicitiae faciendae ex pulchritudinis specie."

Volto agora a minha descrição de uma amizade mais equitativa e mais equânime.

"Omnino amicitiae, corroboratis jam confirmatisque

ingeniis et aetatibus, judicandae sunt."

Aliás, o que normalmente chamamos de amigos e amizades são apenas acréscimos e familiaridades feitos em alguma ocasião ou conveniência, por meio dos quais nossas almas se entretêm. Na amizade de que falo, elas misturam-se e confundem-se uma com a outra, em uma miscelânea tão universal que elas se desmancham e não encontram mais a costura que as unia. Se sou pressionado a dizer por que eu queria a La Boétie, sinto que isto não se pode exprimir, a não ser respondendo: pelo que ele era; pelo que eu era. Existe, além de todo o meu discurso, e do que posso dizer em particular, não se sabe que força inexplicável e fatal, mediadora dessa união.

Estávamos buscando um ao outro antes de nós nos termos visto pessoalmente, e por relatos que tínhamos um do outro, o que fez em nosso afeto mais força que a razão das afinidades, creio que por alguma ordem do céu. Nós nos abraçamos por nossos nomes, e em nosso primeiro encontro, que aconteceu por acaso, em uma grande festa, em companhia de cidade, nós nos achamos tão próximos, tão ligados, tão obrigados entre nós que nada a partir de então esteve tão próximo de nós quanto estivemos um ao outro. Ele escreveu uma excelente sátiro latina, que foi publicada, na qual ele desculpa e explica a precipitação de nossa amizade, que chegou tão rapidamente à perfeição.

Tendo tão pouco para durar e tendo começado tão tarde (pois éramos homens feitos os dois, e eu com mais alguns anos de idade), aquilo não tinha tempo a perder e a estabelecer-se como padrão de amizades regulares e doces, nas quais tantas precauções precisam ser tomadas durante muito tempo e por conversas prévias. Nossa amizade não teve outra idéia a não ser ela mesma e não podia preocupar-se com outras coisas. Ela não obedecia a uma consideração especial, nem a duas, nem a três, nem a quatro, nem a mil: ela era, não sei qual quintessência de toda essa mistura, o que, tendo tomado toda a minha vontade, levou-a a mergulhar e a perder-se na dele; que, tendo tomado toda a sua vontade, levou-a a mergulhar e a perder-se na minha, de uma fome, de uma concorrência similar. Eu disse perder e, verdade seja dita, nós não reservávamos para nós nada que fosse próprio, que fosse dele ou que fosse meu.

Quando Lélio, na presença dos cônsules romanos, que, após a condenação de Tibério Graco, processaram todos aqueles que admitiam ter estima por sua inteligência, veio perguntar a Caio Blósio (que era o principal de seus amigos) o quanto ele seria capaz de fazer por ele, ele teria respondido: Todas as coisas; - Como, todas as coisas? Lélio replicou. E se tu fosses ordenado por ele a incendiar nossos templos? - Ele jamais me ordenaria tal coisa, respondeu Blósio. - Mas se ele o tivesse feito? acrescentou Lélio. Eu teria obedecido, respondeu ele. Se ele era tão perfeitamente amável com Graco, como dizem as histórias, ele não tinha mesmo nada a fazer para ofender os cônsules com essa última e ousada confissão; e não podia afastar-se da garantia que tinha da vontade de Graco. Entretanto, aqueles que acusam essa resposta como sediciosa, não entendem bem seu mistério, e não pressupõem, como deveria ocorrer, que Blósio mantinha a vontade de Graco debaixo da manga, pelo poder e pelo conhecimento. Eles eram mais amigos que cidadãos, mais amigos entre si que amigos e inimigos de seu país, que amigos de ambição e de problemas.

Sendo perfeitamente comprometidos um com o outro, eles seguravam bem as rédeas da inclinação um do outro; e faziam por guiar esse equipamento através da virtude e da conduta da razão. Como também é impossível ter vantagem sem isso, a resposta de Blósio é tal como deveria ter sido. Se suas ações se desmantelassem, eles não seriam amigos de acordo com minha medida de um e do outro, nem seriam amigos por si mesmos. Além disso, essa resposta não soa muito diferente do que seria a minha, a quem inquirisse a mim daquela maneira: Se tua vontade te ordenasse a matar tua filha, tu a matarias? E que eu concordasse. Pois não há nenhum testemunho de consentimento para fazer isso, porque eu não posso duvidar da minha vontade, e da mesma forma também dessa de um amigo como La Boétie. Não está no poder de todos os discursos do mundo desalojar-me da certeza que tenho quanto a minhas intenções e a meus juízos. Nenhuma de suas ações me teria sido apresentada, independentemente do rosto que tivesse, que eu não achasse imediatamente a causa.

Nossas almas permaneceram tão fortemente unidas, consideradas de uma afeição ardente, e com semelhante afeição descoberta até a profundeza das entranhas de um e de outro, que não apenas eu conhecia sua alma como ele a minha, assim como também eu era mais propenso a confiar nele que em mim. Que não se ponham nesta categoria essas outras amizades comuns: tenho tanto conhecimento quanto qualquer outro, e do mais perfeito de sua espécie, mas não aconselho que confundam suas regras: isto enganaria. É necessário andar sobre essas outras amizades com o freio na mão, com prudência e precaução; a conexão não é feita de forma que não seja necessário preocupar-se com isso.

Ama-o, disse Chilon, como se algum dia tivesses de odiá-lo; odeia-o como se algum dia tu tivesses de amá-lo. Esse preceito, que é tão abominável nessa amizade soberana e magistral, é salubre no uso das amizades comuns e costumeiras, em cujo lugar é necessário empregar a palavra que em Aristóteles era muito familiar: Ó meus amigos, não existe nenhum amigo. Nesse nobre comércio, os ofícios e os benefícios, nutridores de outras amizades, não merecem ser levados em consideração: essa confusão tão plena de nossa vontade é a causa. Pois, assim como a amizade que levo não aumenta apenas pela ajuda que me dedico às necessidades, seja lá o que for que os estoicos digam, e como não sinto nenhum gosto pelo serviço que presto: A união de tais amigos, sendo verdadeiramente perfeita, fá-los perder o sentimento de tais deveres, e odiar e afastar deles essas palavras de divisão e diferença: benfeitoria, obrigação, reconhecimento, oração, agradecimento e afins.

Tudo em efeito sendo comum entre amigos, vontades, pensamentos, julgamentos, bens, mulheres, crianças, honra e vida, e sua conveniência sendo apenas uma alma em dois corpos, de acordo com a própria definição de Aristóteles, eles não podem emprestar nem doar nada. É por isso que os legisladores, para honrar o casamento de alguma semelhança imaginária com esse vínculo divino, defendem as doações entre o marido e a mulher, querendo inferir com isso que tudo deve estar com cada um deles e que eles não têm nada para dividir e repartir entre si. Se, na amizade de que falo, um puder dar ao outro, isto será da parte do que recebe o bem, o que deixaria em obrigação seu companheiro. Pois buscando um e outro, mais que qualquer outra coisa, para se beneficiar mutuamente, quem fornece a matéria e a oportunidade é aquele que pratica a liberalidade, dando ao amigo esse contentamento, de realizar em seu lugar aquilo que ele mais deseja.

Quando o filósofo Diógenes precisava de algum dinheiro, ele dizia que ele o cobrava de seus amigos, não que ele o pedia. E, para mostrar como isso é praticado de fato, contarei um exemplo antigo e singular. Eudâmidas, coríntio, tinha dois amigos: Carixeno de Sícion e Areteu de Corinto. Vindo a morrer pobre, tendo seus dois amigos ricos, ele fez seu testamento assim: Eu lego a Areteu a incumbência de alimentar minha mãe e sustentá-la na velhice; a Carixeno, casar-se com minha filha e dar-lhe o maior dote que puder; e, no caso de um dos dois vir a morrer, substituíres sua parte pela daquele que sobreviver. Os que viram pela primeira vez o testamento fizeram troça, mas os herdeiros, tendo sido notificados, aceitaram-no com notável contentamento. E um deles, Carixeno, tendo morrido cinco dias depois, sendo a substituição aberta em favor de Areteu, curiosamente alimentou aquela mãe e, dos cinco talentos que ele tinha em sua posse, deu dois e meio para o casamento de sua filha única e outros dois e meio para o casamento da filha de Eudâmidas, núpcias que foram realizadas no mesmo dia.

Este exemplo é bem conclusivo, e seria seguido se não existisse uma condição impeditiva, que é a multidão de amigos. Pois essa amizade perfeita, da qual eu falo, é indivisível: cada um se doa tão completamente a seu amigo que não resta mais nada a repartir em outros lugares; ao contrário, é contristado que não seja duplo, triplo ou quádruplo, e que não tenha várias almas e vontades para conferi-las todas à mesma amizade.

Podemos repartir as amizades comuns: nesta podemos amar a beleza, nesta outra a facilidade da moral, em outra ainda a liberalidade, naquela lá a paternidade, nesta outra a fraternidade, e assim por diante; mas essa amizade que possui a alma e o rei em toda a sua soberania, é impossível que seja dupla. Se dois amigos ao mesmo tempo pedissem para ser socorridos, a qual dos dois tu acorrerias? Se eles exigissem de ti ofícios contrários, que ordem tu empregarias lá? Se um deles pedisse teu silêncio sobre algo que fosse útil ao outro saber, como tu te comportarias?

A amizade única e principal rompe com todas as outras obrigações. O segredo que jurei não revelar a nenhum outro mais, eu posso, sem perjúrio, comunicá-lo ao que não é o outro: ao amigo. É um milagre muito grande duplicar-se; e quem fala em triplicar não sabe a altitude disso. Nada é extremo, o que é inigualável. E quem pressupõe que de dois eu gosto tanto de um quanto do outro, e que eles se amam e me amam tanto quanto eu os amo, isso multiplica em confraria a coisa mais unida, e das quais apenas uma é ainda a coisa mais rara de encontrar no mundo. O resto desta história é muito adequado a isso que eu digo: pois Eudâmidas dá graça e favor aos seus amigos para usá-los quando necessitar. Ele os faz herdeiros desta sua liberalidade, que consiste em dar-lhes os meios para fazê-los bem. E, sem dúvida, a força da amizade mostra-se muito mais rica em seu feito que no de Areteu.

Em suma, estes são efeitos inimagináveis para quem não os experimentou, e que me fazem honrar maravilhosamente a resposta de um jovem soldado a Ciro, que lhe perguntou quanto ele gostaria de receber por um cavalo, por meio do qual ele acabara de ganhar o prêmio de uma corrida, e se ele gostaria de trocá-lo por um reino: Não, senhor, mas eu o daria de bom grado para conseguir um amigo, se eu encontrasse algum homem digno de tal aliança. Ele não disse mal: "se eu encontrasse algum"; pois é fácil encontrar homens aptos a uma superficial proximidade, mas nesta aqui, na qual negociamos a fina fonte de sua coragem, que não faz nada além disso, certamente é necessário que todas as fontes sejam limpas e perfeitamente asseguradas. Em relacionamentos que mantêm apenas um fim, precisamos apenas provar as imperfeições que interessam particularmente a esse objetivo. Ele não pode preocupar-se sobre de que religião é meu médico ou meu advogado. Essa consideração não tem nada em comum com os serviços da amizade que eles me devem. E, nas relações domésticas com aqueles que me servem, eu faço o mesmo. E eles me pedem pouco, de modo que, se ele é casto, estou procurando saber se é diligente. E que não tenha mais medo de um brincalhão montador de mula quanto de um imbecil, nem mais de um cozinheiro certificado que de um ignorante do ofício. Não me importo de dizer o que fazer com o mundo, já que outros asnos estão tratando disso, e eu falo somente do que concerne a mim.

"Mihi sic usus est; tibi, ut opus est facto, face."

À familiaridade da mesa eu associo o que é agradável, não o que é prudente: no leito, a beleza antes da bondade; na sociedade do discurso, a suficiência, mesmo sem a prudência. Da mesma forma, em outros lugares. Tudo, do mesmo modo como aquele que foi encontrado cavalgando uma vara, brincando com seus filhos, implorou ao homem que o surpreendeu ali para não dizer nada, até que ele também fosse pai, acreditando que a paixão que lhe nasceria então na alma faria com que ele julgasse aceitável aquela ação: eu também gostaria de falar àquelas pessoas que experimentaram o que eu disse. Mas, sabendo o quão raro é afastar-se do uso comum de uma tal amizade, e o quanto ela é rara, não espero encontrar um bom juiz para isso. Pois os próprios discursos que a antiguidade nos deixou sobre esse assunto parecem-me covardes quando sinto que tenho alguns. E, nesse sentido, os efeitos superam os próprios preceitos da filosofia:

"Nil ego contulerim jucundo sanus amico.'

O velho Menandro dizia que considerava feliz aquele que podia encontrar o ombro de um amigo. Ele certamente tinha razão em dizer isso, pois ele o tinha provado. Na verdade, se eu comparar todo o resto de minha vida, posso dizer que, com a graça de Deus, eu a gastei doce, fácil e, salvo pela perda de um amigo, livre de aflições venenosas, plena de tranquilidade de espírito, tendo pagado minhas comodidades naturais e originais sem procurar outras: se eu os comparo, digo, todos os quatro anos que me foram dados para desfrutar da doce companhia e sociabilidade dessa pessoa, é apenas fumaça, é apenas uma noite escura e maçante.

"Desde o dia em que o perdi,

quem sempre acerbum,
Sempre honoratum (sic, Dii, voluistis) habebo,"

Desde o dia em que o perdi. estou apenas caminhando vagarosamente; e os prazeres que me são oferecidos, em vez de me consolar, redobraram minha dor por sua perda. Nós éramos a metade de tudo; parece-me que estou roubando sua parte
"Nec fas esse ulla me voluptate hic frui
Decrevi, tantisper dum ille abest meus particeps."

Eu já estava tão habituado a ser o segundo em tudo que tenho a impressão de estar a apenas meio ano de distância.
"Illam meae si partem animae tulit
maturior vis, quid moror altera?
Nec carus aeque nec superstes integer.
Ille dies utramque duxit ruinam..."

Não há ação nem imaginação em que eu não encontre para dizer, como se ele tivesse feito aquilo para mim. Pois, assim como ele me ultrapassou por uma distância infinita em todas as outras suficiências e virtudes, também cumpriu o dever da amizade.
"Quis desiderio sit pudor aut modus
Tam chari capitis?
O misero frater adempte mihi!
Omnia tecum una perierunt gaudia nostra,
Quae tuus in vita dulcis alebat amor.
Tu mea, tu moriens fregisti commoda, frater;
Tecum una tota est nostra sepulta anima,
Cujus ego interitu tota de mente fugavi
Haec studia atque omnes delicias animi.

Alloquar? audiero nunquam tua verba loquentem?
Nunquam ego te, vita frater amabilior,
Aspiciam posthac? At certè semper amabo."

Mas vamos falar um pouco desse garoto de dezesseis anos. Porque descobri que esse trabalho foi trazido à luz, e com o propósito errado, por aqueles que, buscando perturbar e mudar o estado de nossa política, sem importar-se sobre emendá-la ou não, mesclaram-no a outros escritos de sua farinha, eu decidi não o abrigar aqui. E, como a memória do autor não está interessada em substituir aqueles que têm pouco conhecimento de suas opiniões e ações, advirto-os que esse assunto foi tratado por ele em sua infância, à guisa de exercício, como assunto vulgar e já explorado em milhares de lugares de livros. Não tenho nenhuma dúvida de que ele acreditava naquilo que ele escrevia, pois ele era suficientemente consciente para não mentir sobre essas coisas nem mesmo quando estava brincando. E sei além disso que, se tivesse podido escolher, ele teria preferido nascer em Veneza a nascer em Sarlac: e por boas razões. Mas ele tinha outra máxima soberanamente impressa em sua alma: obedecer e submeter-se muito religiosamente às leis sob as quais ele nascera.

Não existiu jamais um cidadão melhor, nem mais afeiçoado à tranquiidade de seu país, nem mais hostil aos distúrbios e notícias políticas de seu tempo. Ele usava sua competência muito mais para extingui-los que para fornecer-lhes meios de mover-se mais. Ele tinha seu espírito talhado mais para o padrão de outros séculos que do deste. No entanto, em troca desta obra séria, eu colocarei outra, produzida nesta mesma época de sua vida, mais galante e mais alegre. Para sorte dele, em meio a alguns outros papéis, eu vim a recebê-la, de quem sou muito grato, e gostaria que outros que guardassem mais peças de seus escritos, do mesmo modo, fizessem o mesmo.

Escrito incluído em Ensaios (1580), como capítulo 28. Texto estabelecido por P. Villey e V. L. Saulnier, P. U. F., 1965 (1, p. 69-74).

@cacildo